ORDONNANCE DU ROI,

Concernant les Régimens d'Infanterie Irlandoise.

Du 26 Avril 1775.

DE PAR LE ROI.

SA MAJESTÉ voulant donner aux régimens Irlandois une constitution qui lui a paru plus solide, & les assimiler à ses régimens d'Infanterie Françoise, a ordonné & ordonne ce qui suit:

ARTICLE PREMIER.

LES régimens de Bulkeley, Clare, Dillon & Berwick seront conservés, & formeront à l'avenir deux régimens de deux bataillons chacun.

* A

2.

LE régiment de Walsh paſſera dans la Légion Corſe, pour en former l'Infanterie, comme il ſera expliqué par l'Ordonnance particulière que Sa Majeſté fera rendre à ce ſujet.

3.

LE régiment de Dillon ſera incorporé dans celui de Bulkeley, pour en former le ſecond bataillon, & ce Régiment portera à l'avenir le nom de Dillon.

Le régiment de Berwick ſera également incorporé dans celui de Clare, pour en former le ſecond bataillon, & portera à l'avenir le nom de Berwick.

4.

CHAQUE bataillon d'Infanterie Irlandoiſe continuera d'être compoſé d'une compagnie de Grenadiers & de huit compagnies de Fuſiliers.

5.

CHACUNE des compagnies de Grenadiers ſera, ſoit en temps de paix, ſoit en temps de guerre, commandée par un Capitaine, un Lieutenant & un Sous-lieutenant, & compoſée d'un Fourrier, deux Sergens, quatre Caporaux, quatre Appointés, quarante Grenadiers & un Tambour.

Les quatre Caporaux, les quatre Appointés & les quarante Grenadiers feront diſtribués en quatre eſcouades de douze hommes chacune, dont un Caporal & un Appointé. La première & la troiſième de ces eſcouades formeront la première diviſion, à laquelle ſera attaché le premier Sergent. La ſeconde & la quatrième eſcouades formeront la seconde division, à laquelle sera attaché le second Sergent. La première division sera subordonnée au Lieutenant; la seconde au Sous-lieutenant. Ces deux Officiers en rendront compte tous les jours au Capitaine, qui en répondra au Major, le Major au Colonel, &, en son absence, au Lieutenant-colonel.

6.

L'INTENTION de Sa Majesté est que les Grenadiers qui viendront à manquer, continuent d'être remplacés sur le champ par les compagnies de Fusiliers, chacune à leur tour, en choisissant les plus beaux hommes & ceux dont la bonne conduite & la valeur mériteront la préférence.

7.

CHACUNE des compagnies de Fusiliers sera commandée, en tout temps, par un Capitaine, un Lieutenant & un Sous-lieutenant, & composée, en temps de paix, d'un Fourrier, trois Sergens, six Caporaux, six Appointés, quarante-deux Fusiliers, deux Tambours, Fifres ou Clarinets; de manière que dans quatre Compagnies il y ait un Tambour & un Clarinet ou Fifre, & dans les quatre autres, deux Tambours sans Clarinets ni Fifres : l'intention de Sa Majesté étant qu'il n'y ait jamais plus de quatre Musiciens par bataillon.

Sa Majesté donnera ses ordres, à la première augmentation qu'Elle jugera à propos de faire dans son Infanterie, pour créer un Sergent, deux Caporaux & deux Appointés; de façon qu'alors chaque compagnie de Fusiliers se trouvant commandée par le même nombre d'Officiers, soit composée d'un Fourrier, quatre Sergens, huit Caporaux, huit Appointés, du nombre de Fusiliers que Sa Majesté se réſerve de fixer, & deux Tambours, Clarinets ou Fifres, diviſés en huit eſcouades.

8.

CHAQUE compagnie de Fuſiliers, ſur le pied de ſoixante hommes réglé pour le tems de paix par l'article précédent, ſera diviſée en ſix eſcouades compoſées chacune de neuf hommes, dont un Caporal & un Appointé. Les Fuſiliers ſeront rangés en bataille par rang de taille, chacun dans leur Compagnie.

La première & la quatrième eſcouades formeront une première ſubdiviſion, à laquelle ſera attaché le premier Sergent; la ſeconde & la cinquième eſcouades formeront une ſeconde ſubdiviſion, à laquelle ſera attaché le ſecond Sergent; & la troiſième & ſixième eſcouades formeront la troiſième ſubdiviſion, à laquelle ſera attaché le troiſième Sergent. Ces différentes ſubdiviſions feront commandées par le Lieutenant & le Sous-lieutenant. Ces deux Officiers en rendront compte tous les jours au Capitaine ou au Chef de bataillon, qui en répondra au Major, le Major au Colonel, en ſon abſence, au Colonel-commandant, &, en l'abſence de celui-ci, au Lieutenant-colonel.

L'intention de Sa Majeſté étant d'ailleurs que l'Aide-major de chaque bataillon rende compte au Colonel-commandant & au Lieutenant-colonel, lorſque, le Colonel étant préſent, le compte ne leur ſera pas rendu par le Major; Elle veut également, lorſque le Colonel-commandant commandera le Régiment, que l'Aide-major de chaque bataillon rende compte au Lieutenant-colonel.

9.

SA Majeſté ayant jugé à propos d'établir des Chefs de

bataillons dans chacun des bataillons de fon Infanterie Françoife & Etrangère, par fon Ordonnance du 28 Juin 1774, & voulant expliquer fes intentions fur le grade & les prérogatives defdits Chefs de bataillons, a réglé qu'ils feront reçus, en cette qualité, à la tête de leur bataillon, par le Commandant du Régiment.

Qu'ils feront exempts du fervice de Capitaine, & commandés comme Officiers fupérieurs pour la difcipline intérieure du Régiment. Ils feront alors accompagnés par un Sous-aide-major.

L'Ordre leur fera porté par le Sous-aide-major de leur bataillon, & l'Aide-major leur rendra compte, à la parade, de ce qui fe fera paffé dans leur bataillon ; ce qui ne difpenfera pas les Chefs de bataillons, ainfi que les autres Capitaines, de rendre un compte direct de leur Compagnie au Major, jufqu'à ce que Sa Majefté ait jugé à propos d'y nommer des Capitaines-commandans, conformément à l'Ordonnance du 28 Juin 1774.

Lefdits Chefs de bataillons feront fubordonnés à tous Lieutenans-colonels & Majors titulaires.

L'intention de Sa Majefté étant d'ailleurs qu'ils portent pour marque diftinctive une épaulette avec une frange fimple, & non à nœuds de cordelières, en or aux épaulettes d'argent, & en argent aux épaulettes d'or ; & qu'au furplus les difpofitions de fon Ordonnance du 28 Juin 1774, pour leur établiffement, foient exécutées en tout ce qui ne fera pas contraire à ce qui eft réglé ci-deffus.

10.

L'ETAT-MAJOR de chacun des régimens d'Infanterie Irlandoife continuera d'être compofé d'un Colonel, d'un Colonel-commandant lorfque le Colonel fera Officier général , un Lieutenant-colonel, un Major, d'un Chef de bataillon, un Aide-major, un Sous-aide-major & deux Porte-drapeaux par bataillon, & d'un Quartier-maître, un Aumônier , un Chirurgien, un Tambour - major & un Armurier par Régiment.

11.

Sa Majesté confidérant que le bien de fon fervice exige que les charges de Lieutenans-colonels & de Majors des Régimens foient remplies par les fujets les plus diftingués, tant par leurs fervices que par leurs talens, Elle continuera de s'en referver le choix ; voulant cependant favorifer, autant qu'il fe pourra, l'ancienneté, qui, à mérite égal, doit obtenir la préférence. Elle a réglé que les Lieutenans - colonels feront choifis indiftinctement dans le nombre des Majors, Chefs de bataillons ou Capitaines de Grenadiers des deux régimens d'Infanterie Irlandoife, & que les Majors feront également choifis indiftinctement dans le nombre des Chefs de bataillons des Capitaines de Grenadiers, des Capitaines de Fufiliers & des Aides-major ayant commiffion de Capitaine defdits deux Régimens ; voulant au furplus Sa Majefté qu'aucun Officier ne puiffe parvenir à la charge de Major , qu'après avoir fervi l'efpace de vingt ans révolus.

12.

L'inconvénient qui réfulte du commandement établi dans l'Infanterie par ancienneté de Régiment, a déterminé Sa Majefté à l'abolir , & à régler que le commandement appartiendra à l'avenir dans toute l'Infanterie aux plus anciens Officiers , fuivant la date de leurs lettres

ou commiſſions. Dans le cas ſeulement où deux ou pluſieurs Officiers ſe trouveroient être de même date , alors
celui du plus ancien Régiment prendra le commandement.

13.

EN conſéquence de cette nouvelle diſpoſition , les Capitaines de Grenadiers ne pourront prétendre au commandement , à l'excluſion des Capitaines de Fuſiliers ,
que lorſqu'ils ſe trouveront les plus anciens de date de
commiſſion de Capitaine.

14.

VEUT Sa Majeſté qu'il en ſoit uſé de même entre les
Colonels , Colonels-commandans , Lieutenans-colonels ,
Majors & Chefs de bataillons , qui ne pourront prétendre
à l'avenir au commandement dans leurs grades reſpec-
tifs , qu'en vertu de la date de leurs commiſſions , lettres
ou brevets , & réclamer ledit commandement ſur le rang
de leurs Régimens dans l'Infanterie , que dans le cas ſeulement où ils ſe trouveroient de même date.

15.

L'INTENTION de Sa Majeſté eſt que les huit Sous-lieutenans du régiment d'Infanterie Irlandoiſe de Walsh qui
doit être incorporé dans la Légion du Dauphiné , qui
préféreront de continuer leurs ſervices dans les deux régimens d'Infanterie Irlandoiſe conſervés , ſoient nommés
aux Sous-lieutenances qui viendront à vaquer dans leſdits
deux Régimens , par préférence aux Sous-lieutenans ſurnuméraires qui y ſont actuellement attachés , & que par
la ſuite il ſoit accordé deux emplois de Sous-lieutenans
ſurnuméraires , ſans appointemens , par bataillon , ſans que
ce nombre puiſſe être augmenté : Voulant bien cependant

Sa Majefté que les Sous-lieutenans furnuméraires qui exiftent actuellement, tant dans lefdits Régimens, que dans celui de Walsh, reftent attachés à la fuite des deux Régimens confervés.

Sa Majefté veut bien encore qu'il foit établi deux Cadets par bataillon dans chacun defdits Régimens confervés, lefquels tiendront lieu de Soldats dans les compagnies Colonelle & Lieutenante-colonelle, & dont la paye, y compris celle de Fufilier, fera fixée fur le pied de trente livres par mois, Sa Majefté fe réfervant de créer par la fuite deux nouvelles places de Cadets également par bataillon, lorfque les circonftances l'exigeront : Voulant Sa Majefté que, fur la préfentation des Colonels, il foit expédié des lettres d'admiffion auxdits Cadets, pour conftater la date de leurs fervices.

L'intention de Sa Majefté eft qu'une defdites places de Cadets par bataillon foit toujours donnée à des jeunes gens nés en Irlande ; à l'effet de quoi les Colonels feront tenus de fournir des certificats en bonne forme, qui conftatent le lieu de leur naiffance, & que l'autre place de Cadet par bataillon ne foit donnée qu'à des fujets nés de familles Irlandoifes établies dans le Royaume, & par préférence aux fils des Officiers de cette nation qui auront fervi avec diftinction, ou qui feront encore au fervice dans l'un des régimens Irlandois.

16.

L'INTENTION de Sa Majefté eft que les Fourriers, Sergens, Caporaux & Fufiliers continuent à faire le fervice comme ci-devant, & à commander entr'eux fuivant le rang du Régiment dans lequel ils ferviront, & fans avoir égard à leur ancienneté perfonnelle.

17.

SA MAJESTÉ n'entend rien changer à ce qui a été réglé par l'Ordonnance du 21 Décembre 1762, concernant les régimens d'Infanterie Irlandoiſe, ſur le rang & l'autorité des différens grades des Officiers & Bas-officiers deſdits Régimens, qui doit être ſuivi en tout ce qui ne ſe trouvera pas contraire aux diſpoſitions de la préſente Ordonnance.

18.

VOULANT Sa Majeſté expliquer ſes intentions ſur le choix des Bas-officiers, Elle a réglé que :

Lorſqu'il vaquera une place de Fourrier de Grenadiers, celui qui devra la remplir ſera choiſi dans le nombre des Sergens de Grenadiers, ou de ceux des compagnies de Fuſiliers.

Lorſqu'il vaquera une place de Sergent de Grenadiers, il ſera choiſi dans le nombre des Caporaux de Grenadiers ou dans celui des Sergens de Fuſiliers.

Et lorſqu'il vaquera une place de Caporal de Grenadiers, il ſera choiſi dans le nombre des Grenadiers, ou des Caporaux des compagnies de Fuſiliers qui auront été tirés précédemment deſdites compagnies de Grenadiers.

19.

ON ſe conformera, pour le choix des Fourriers, Sergens & Caporaux des compagnies de Fuſiliers, aux diſpoſitions des articles 38, 39 & 40 de ladite Ordonnance du 21 Décembre 1762, à la réſerve cependant des Fourriers, qui ſeront choiſis dans le nombre des Sergens ; l'Ordonnance du 13 Août 1765 attribuant auxdits Fourriers l'autorité ſupérieure ſur tous les Sergens.

* A v

20.

Le Tambour-major continuera à avoir l'autorité, & à veiller sur la conduite des Tambours & des Clarinets ou Fifres. Mais Sa Majesté veut encore que les Fourriers, Sergens & Caporaux de chaque Compagnie veillent également sur la conduite des Tambours, Clarinets ou Fifres de leur Compagnie, de même que sur celle des Soldats, & que lesdits Tambours & Musiciens vivent en chambrée dans leur Compagnie, & qu'ils y couchent.

21.

L'Établissement des Officiers & Bas-officiers Recruteurs, réglé par l'article 21 de l'Ordonnance du 21 Décembre 1762, & conformément à l'Ordonnance du premier Février 1763, concernant les Recrues des régimens d'Infanterie Etrangère, continuera à avoir lieu. Cependant Sa Majesté ayant jugé à propos de porter à deux bataillons les deux régimens d'Infanterie Irlandoise qu'Elle conserve, le dépôt de chacun desdits Régimens sera composé à l'avenir, en temps de paix, d'un Capitaine ou d'un Lieutenant, & il aura sous ses ordres deux Sergens & quatre Caporaux ou anciens Soldats propres à faire des recrues; & chacun desdits dépôts sera composé, en temps de guerre, d'un Capitaine ou Lieutenant, avec un Sous-lieutenant, trois Sergens & six Caporaux ou anciens Soldats.

22.

Sa Majesté ayant jugé a propos de régler une paye de paix & une paye de guerre à ses régimens d'Infanterie, en conséquence Elle veut que les appointemens & solde soient payés aux régimens d'Infanterie Irlandoise, sur le pied;

SAVOIR:

	EN TEMPS DE PAIX.			EN TEMPS DE GUERRE.		
	Par jour.	Par mois.	Par an.	Par jour.	Par mois.	Par an.
	l. s. d.	l. s. d.	l.	l. s. d.	l. s. d.	l.
COMPAGNIES de Grenadiers.						
A chaque Capitaine, six livres en temps de paix, & sept livres treize sols quatre deniers en temps de guerre, ci........	6	180	2160	7 13 4	230	2760
A chaque Lieutenant, deux livres dix sous en temps de paix, & trois livres six sous huit deniers en temps de guerre, ci....	2 10	75	900	3 6 8	100	1200
A chaque Sous-lieutenant, une livre treize sous quatre deniers en temps de paix, & deux livres dix sous en temps de guerre, ci.	1 13 4	50	600	2 10	75	900
A chaque Fourrier, treize sous quatre deniers en temps de paix, & treize sous huit deniers en temps de guerre, ci......	13 4	20	240	13 8	20 10	246
A chaque Sergent, douze sous quatre deniers en temps de paix, & douze sous huit deniers en temps de guerre, ci.	12 4	18 10	222	12 8	19	228
A chaque Caporal, huit sous huit deniers en temps de paix, & neuf sous en temps de guerre, ci.............	8 8	13	156	9	13 10	162
A chaque Appointé, sept sous huit deniers en temps de paix, & huit sous en temps de guerre, ci.............	7 8	11 10	138	8	12	144
A chaque Grenadier ou Tambour, six sous huit deniers en temps de paix, & sept sous en temps de guerre, ci........	6 8	10	120	7	10 10	126
Compagnies de Fusiliers.						
A chaque premier Capitaine-factionnaire, six livres en temps de paix, & sept livres treize sous quatre deniers en temps de guerre, ci.	6	180	2160	7 13 4	230	2760
A chacun des second & troisième Capitaines-factionnaires, cinq livres dix sous en temps de paix, & sept livres trois sous quatre deniers en temps de guerre, ci......	5 10	165	1980	7 3 4	215	2580
A chacun des quatre derniers Capitaines de chaque bataillon, cinq livres en temps de paix, & six livres treize sous quatre deniers en temps de guerre, ci.........	5	150	1800	6 13 4	200	2400
A chaque Capitaine-commandant des compagnies Colonelle & Lieutenante-colonelle, deux livres quinze sous six deniers deux tiers en temps de paix, & trois livres dix sous en temps de guerre, ci.....	2 15 $6\frac{2}{3}$	83 6 8	1000	3 10	105	1260
A chaque Lieutenant, une livre treize sous quatre deniers en temps de paix, & deux livres quinze sous six deniers deux tiers en temps de guerre, ci..........	1 13 4	50	600	2 15 $6\frac{2}{3}$	83 6 8	1000

	En temps de paix						En temps de guerre					
	Par jour (l. s. d.)	Par mois (l. s. d.)	Par an (l.)				Par jour (l. s. d.)	Par mois (l. s. d.)	Par an (l.)			
A chaque Sous-lieutenant, une livre dix sous en temps de paix, & deux livres quatre sous cinq den. un tiers en temps de guerre, ci.	1 10	45	540				2 4 5⅓	66 13 4	800			
A chacun des deux Cadets établis dans chaque bataillon, & qui tiendront lieu de deux Fusiliers dans chacune des compagnies Colonelle & Lieutenante-colonelle, une livre en tout temps, ci.	1	30	360				1	30	360			
A chaque Fourrier, douze sous quatre deniers en temps de paix, & douze sous huit deniers en temps de guerre, ci.	12 4	18 10	222				12 8	19	228			
A chaque Sergent, onze sous quatre deniers en temps de paix, & onze sous huit deniers en temps de guerre, ci.	11 4	17	204				11 8	17 10	210			
A chaque Caporal, sept sous huit deniers en temps de paix, & huit sous en temps de guerre, ci.	7 8	11 10	138				8	12	144			
A chaque Appointé, six sous huit deniers en temps de paix, & sept sous en temps de guerre, ci.	6 8	10	120				7	10 10	126			
A chaque Fusilier ou Tambour, cinq sous huit deniers en temps de paix, & six sous en temps de guerre, ci.	5 8	8 10	102				6	9	108			
A chaque Fifre ou Clarinet, six sous huit deniers en temps de paix, & sept sous en temps de guerre, ci.	6 8	10	120				7	10 10	126			

État-major.

	En temps de paix			En temps de guerre		
	Par jour (l. s. d.)	Par mois (l. s. d.)	Par an (l.)	Par jour (l. s. d.)	Par mois (l. s. d.)	Par an (l.)
A chaque Colonel, indépendamment de ses appointemens de Capitaine, vingt-huit livres six sous huit deniers en tout temps, ci.	28 6 8	850	10200	28 6 8	850	10200
Au Colonel-commandant du régiment de Berwick, six livres treize sous quatre deniers en temps de paix, & huit livres en temps de guerre, ci.	6 13 4	200	2400	8	240	2880
A chaque Lieutenant-colonel, indépendamment de ses appointemens de Capitaine, quatre livres quatorze sous cinq deniers un tiers en temps de paix, & huit livres six sous huit deniers en temps de guerre, ci.	4 14 5⅓	141 13 4	1700	8 6 8	250	3000
A chaque Major, huit livres en temps de paix, & onze livres deux sous deux deniers deux tiers en temps de guerre, ci.	8	240	2880	11 2 2⅔	333 6 8	4000
A chaque Chef de bataillon, six livres treize sous quatre deniers en temps de paix, & neuf livres huit sous deux deniers deux tiers en temps de guerre, ci.	6 13 4	200	2400	9 8 2⅔	283 6 8	3400
A chaque Aide-major avec commission de Capitaine, cinq livres en temps de paix, & six livres treize sous quatre deniers en temps de guerre, ci.	5	150	1800	6 13 4	200	2400

	En temps de paix.			En temps de guerre.		
	Par jour.	Par mois.	Par an.	Par jour.	Par mois.	Par an.
	l. f. d.	l. f. d.	l.	l. f. d.	l. f. d.	l.
A chaque Aide-major fans commiffion de Capitaine, trois livres fix fous huit deniers en temps de paix, & cinq livres en temps de guerre, ci.	3 6 8	100	1200	5	150	1800
A chaque Sous-aide-major, une livre treize fous quatre deniers en temps de paix, & trois livres fix fous huit deniers en temps de guerre, ci.	1 13 4	50	600	3 6 8	100	1200
A chaque Porte-Drapeau, une livre dix fous en temps de paix, & une livre dix-huit fous quatre deniers en temps de guerre, ci.	1 10	45	540	1 18 4	57 10	690
A chaque Quartier-maître, une livre dix fous en temps de paix, & deux livres quatre fous cinq deniers un tiers en temps de guerre, ci.	1 10	45	540	2 4 $5\frac{1}{3}$	66 13 4	800
A chaque Officier chargé de la Caiffe, une livre treize fous quatre deniers en tout temps, ci.	1 13 4	50	600	1 13 4	50	600
A chaque Tambour-major, quatorze fous en tout temps, ci.	14	21	252	14	21	252
A chaque Aumônier, une livre treize fous quatre deniers en temps de paix, & deux livres cinq fous fix deniers deux tiers en temps de guerre, ci.	1 13 4	50	600	2 5 $6\frac{2}{3}$	68 6 8	820
A chaque Chirurgien, une livre fept fous neuf deniers un tiers en temps de paix, & deux livres en temps de guerre, ci.	1 7 $9\frac{1}{3}$	41 13 4	500	2	60	720

Officiers & Bas-officiers Recruteurs dont le traitement doit être pris fur la Maffe des Recrues.

	Par jour.	Par mois.	Par an.	Par jour.	Par mois.	Par an.
A chaque Capitaine, cinq livres en tout temps, ci.	5	150	1800	5	150	1800
A chaque Lieutenant, trois livres fix fous huit deniers en tout temps, ci.	3 6 8	100	1200	3 6 8	100	1200
A chaque Sous-lieutenant, deux livres en tout temps, ci.	2	60	720	2	60	720
A chaque Sergent, une livre en tout temps, ci.	1	30	360	1	30	360
. **A** chaque Caporal, quinze fous en tout temps, ci.	15	22 10	270	15	22 10	270

Voulant Sa Majefté que la paye de guerre ne foit donnée qu'à ceux defdits régimens qui ferviront en campagne, à commencer du jour de leur arrivée à l'armée, jufqu'à celui de leur départ de l'armée pour rentrer dans le Royaume, & que ceux qui demeureront en garnifon dans le Royaume pendant la guerre, ne touchent que la paye réglée pour le temps de paix.

23.

L'INTENTION de Sa Majefté eft que, comme il a été réglé précédemment, les Aides-major qui auront la commiffion de Capitaine, concourent, d'après la date de ladite commiffion, avec les autres Capitaines, pour jouir du fupplément d'appointemens qui eft accordé aux Capitaines de la première & de la feconde claffe, dont ils feront nombre.

24.

LA retenue pour l'entretien du linge & chauffure continuera d'avoir lieu, ainfi qu'elle eft réglée par l'article 28 de l'Ordonnance du 21 Décembre 1762.

25.

VEUT au furplus Sa Majefté que les difpofitions qui ont été faites par ladite Ordonnance, ou poftérieurement, pour la Maffe de l'habillement, pour la Maffe des recrues, & pour celle des fix livres pour chaque homme par an, deftinée aux réparations journalières, aient leur entière exécution.

L'intention de Sa Majefté étant que fur ladite Maffe de fix livres il foit donné à chaque Tambour une haute-paye de deux fous par jour, au moyen de laquelle lefdits Tambours feront tenus d'entretenir leur caiffe de peaux & de cordages, & de fe fournir de baguettes.

26.

Sa Majesté ayant reconnu l'utilité d'entretenir un Maître-armurier à la suite de l'Etat-major de chaque Régiment pour pourvoir aux réparations des armes, a réglé que ledit Maître-armurier sera engagé au moins pour deux ans, & sera assujetti aux peines portées par les Ordonnances ; il ne fera point nombre dans aucune Compagnie, & jouira de douze livres par mois qui lui tiendront lieu d'engagement, laquelle somme sera prise sur la Masse de six livres.

27.

Pour parvenir à la nouvelle composition prescrite par la présente Ordonnance pour les régimens d'Infanterie Irlandoise, l'Inspecteur qui sera chargé de son exécution, fera mettre chaque Régiment sous les armes, aprés avoir pris les ordres des Gouverneurs ou Commandans des provinces ou places où ils se trouveront, & en présence du Commissaire des guerres qui en aura la police.

28.

Il commencera par prendre connoissance de tous les Bas-officiers & Soldats Irlandois, Anglois ou Ecossois qui existent dans lesdits Régimens, pour les conserver & en former les deux nouveaux Régimens. Ledit Inspecteur en séparera tous les François pour être envoyés au régiment de Walsh, sur la route que Sa Majesté fera expédier à cet effet. Elle donnera également ses ordres pour faire rendre auxdits deux Régimens & y être incorporés tous les Bas-officiers ou Soldats Irlandois, Anglois ou Ecossois qui se trouveront audit régiment de Walsh.

29.

L'Inspecteur égalifera les Compagnies de chacun defdits Régimens, & en fera une revue exacte, par laquelle il conftatera le nombre d'Officiers, Bas-officiers & Soldats dont lefdits Régimens feront compofés; & le Commiffaire des guerres fera auffi la fienne, pour fervir au payement de chaque Régiment jufqu'au jour de la nouvelle compofition exclufivement.

30.

Il fera dreffer un état des dettes perfonnelles des Officiers, s'il s'en trouve, qui doivent fuivre le Régiment auquel ces Officiers fe trouveront attachés.

31.

L'Inspecteur ordonnera, de la part de Sa Majefté, aux Colonels, Colonels-commandans, Lieutenans-colonels & Majors des Régimens qui devront être incorporés dans d'autres, de quitter le commandement defdits Régimens. Il ordonnera le mélange des Compagnies des deux bataillons, fuivant l'ancienneté des Capitaines qui fe trouveront les commander, & il complettera les Bas-officiers & les compagnies de Grenadiers.

Les Chefs de bataillons & les Capitaines de Grenadiers des Régimens qui auront été incorporés, feront confervés, dans le cas même où, après l'incorporation, il fe trouveroit des Capitaines dans le même Régiment dont les commiffions feroient d'une date antérieure à celle defdits Chefs de bataillons & Capitaines de Grenadiers; mais ces derniers ne pourront parvenir à l'emploi de Chef de bataillon, que fuivant leur rang d'ancienneté dans le Régiment où leurs Compagnies auront été incorporées.

Le Quartier-maître & le Tambour-major des Régimens qui recevront l'incorporation d'un autre Régiment, devant être conservés, l'intention de Sa Majesté est que le Quartier-maître du Régiment incorporé soit entretenu à la suite du Régiment qui recevra l'incorporation, en qualité de Lieutenant, qu'il jouisse du traitement qui lui est attribué, & qu'il soit remplacé à la première lieutenance qui viendra à vaquer.

Le Tambour-major dudit Régiment incorporé sera également conservé en qualité de Tambour-major surnuméraire, jusqu'à ce qu'il puisse être remplacé, & continuera de jouir de la solde réglée pour son grade.

A l'égard de l'Aumônier & du Chirurgien de chacun desdits Régimens incorporés qui se trouveront sans emplois, Sa Majesté veut qu'il soient, par préférence à tous autres, remplacés dans les Régimens qui seront dédoublés.

L'Inspecteur réunira les différentes Masses des deux Régimens, & en dressera un état détaillé.

32.

S'il se trouvoit des Capitaines dont les commissions fussent de même date, l'Inspecteur établira leur rang suivant leur ancienneté dans le grade de Lieutenant, & en cas d'égalité, suivant leur ancienneté dans le grade de Sous-lieutenant ; & si toutes leurs lettres se trouvoient de même date, alors le Capitaine du Régiment qui recevra l'incorporation, sera préféré.

Il en sera usé de même pour les Lieutenans, Sous-lieutenans & Porte-drapeaux.

33.

LEDIT Inspecteur procédera ensuite à faire dresser un contrôle de tous les Officiers qui composeront chaque Régiment, contenant leurs noms, surnoms, les dates & les lieux de leurs naissances, le détail de leurs services, l'époque de leurs différens grades, enfin tous les détails qui pourront faire connoître leurs services, leurs mœurs & leurs talens.

34.

APRÈS que ces différentes opérations seront terminées, l'Inspecteur fera dresser les contrôles, par Compagnie, des hommes qui les composeront, contenant leurs noms, surnoms, signalement, le lieu & la date de leur naissance, leur grade, l'époque de leur engagement; & il adressera des doubles de ces contrôles au Secrétaire d'Etat ayant le département de la Guerre.

35.

DÉFEND Sa Majesté très-expressément aux Officiers desdits Régimens d'y recevoir à l'avenir, sous quelque prétexte que ce puisse être, aucun homme né en Alsace, dans la Lorraine, ou dans toute autre province de sa domination ; enjoignant Sa Majesté aux Commissaires des guerres qui auront la police desdits Régimens par la suite, de faire délivrer sur le champ le congé absolu à ceux qui seront nés dans quelque province que ce soit de son Royaume, & qui se trouveront engagés dans lesdits Régimens : Déclarant, en pareil cas, Sa Majesté, tout engagement contracté par un homme de ces provinces pour les régimens Irlandois, nul & comme non avenu, à moins qu'il ne foit originaire Anglois, Ecoffois ou Irlandois.

36.

Sa Majesté, en changeant la deftination du régiment d'Infanterie Irlandoife de Walsh, a bien voulu régler que le Colonel dudit Régiment confervera le traitement qui lui a été réglé en cette qualité. Elle a bien voulu également conferver au Colonel du régiment de Bulkeley le traitement dont il jouiffoit en ladite qualité, ainfi qu'aux Colonels-commandans des régimens de Bulkeley, Clare & de Walsh, qui continueront à être employés à la fuite des deux régimens d'Infanterie Irlandoife que Sa Majefté conferve avec les traitemens dont ils jouiffent en leur qualité de Colonels-commandans, jufqu'à ce que Sa Majefté puiffe les remplacer dans quelques-uns de fes régimens Irlandois ou Etrangers.

37.

L'intention de Sa Majefté eft qu'il foit dreffé par les Commiffaires des guerres qui feront préfens à l'exécution de la préfente Ordonnance, des procès-verbaux de la nouvelle compofition des Régimens, qui y eft prefcrite. Voulant Sa Majefté que la folde & les différens traitemens réglés aient lieu à commencer du jour & de la date defdits procès-verbaux, dont il fera remis un double figné defdits Commiffaires des guerres, aux Tréforiers; voulant auffi Sa Majefté qu'il en foit envoyé des doubles au Secrétaire d'Etat ayant le département de la Guerre.

38.

SA MAJESTÉ fera connoître ſes intentions ſur les uni-
formes de ſes régimens d'Infanterie, par un Réglement
particulier.

39.

SA MAJESTÉ connoiſſant l'utilité dont les Chirurgiens
ſont aux Corps où ils ſervent, & voulant les y attacher
de plus en plus en leur aſſurant un ſort, lorſque leur
âge & leurs infirmités les mettront hors d'état de ſervir,
a bien voulu régler que tout Chirurgien qui aura ſervi
dans un ou pluſieurs Régimens l'eſpace de vingt-quatre
ans révolus, & qui ne pourra plus continuer ſes ſervices,
obtiendra, ſur le compte qui en ſera rendu par l'Inſ-
pecteur au Secrétaire d'Etat ayant le département de la
Guerre, une penſion de retraite de 400 livres, qui lui
ſera aſſignée ſur l'Extraordinaire des guerres, & que ladite penſion de retraite ſera portée à 600 livres, s'il a
continué ſes ſervices pendant 30 ans ſans interruption.

40.

VOULANT au ſurplus Sa Majeſté que les Ordonnances & Réglemens précédemment rendus ſoient exé-
cutés en tout ce qui ne ſera pas contraire à la préſente.

MANDE & ordonne Sa Majeſté aux Officiers généraux ayant commandement ſur ſes Troupes, aux Gouverneurs & Lieutenans généraux dans ſes provinces, aux
Gouverneurs & Commandans de ſes villes & places,
aux Inſpecteurs généraux de ſes Troupes d'Infanterie,
aux Intendans dans ſes provinces & ſur ſes frontières,

ux Commiſſaires des guerres & à tous autres ſes Officiers qu'il appartiendra, de tenir la main à l'exécution de
a préſente Ordonnance.

FAIT à Verſailles le vingt-ſix Avril mil ſept cent
ſoixante - quinze. *Signé* LOUIS. *Et plus bas,* LE
MARÉCHAL DE FELIX DU MUY.

A VERSAILLES,

DE L'IMPRIMERIE DU ROI. DÉPARTEMENT DE LA GUERRE.

M. DCCLXXV.